FIDELIDADE E VIDA SOCIAL

Índice

Introdução

Esse livro é para as pessoas que não acreditam em fidelidade em mais de trinta e cinco anos de relacionamento entre duas pessoas. Servirá para conhecimento como também mostrar como é difícil de se conseguir, não por culpa de um ou do outro, e sim de todo um contesto, que envolve família, sociedade e também fé em deus.

Nos dias de hoje, se tornou mais difícil esse comportamento, vamos chamar assim uma pessoa que se preocupa em levar toda sua vida dedicada a uma pessoa, a um amor e a uma convicção que é possível se manter fiel por tanto tempo e principalmente saber que está respeitando todos os envolvidos na sua relação.

Aproveitando essa apresentação e prestar uma homenagem a quem sempre min espelhei para conseguir esse estágio de fidelidade. Aristides de Sousa Araújo, meu querido avó, homem sábio e de grande caráter. Nunca soube que ele não tinha sido fiel, acredito que sim, porque sei que muita gente também não acreditaria em min, somente eu e Deus sabemos da minha fidelidade e agora todos os leitores dessa autobiografia. Falar em meu Avô e não falar de minha querida Avó, a história dessa mulher daria um romance, com uma linda história de um neto criado por ela como filho, segredo que somente os mais velhos sabiam e só revelado no leito de sua morte, com uma dedicação a sua família que serve como exemplo para todos que queira constituir uma família.

Agradecer a minha esposa e única mulher que min relacionei e amei e amo até hoje. Mulher muito ciumenta, e que esses ciúmes não foi motivo para permanecer fiel, por incrível que pareça o ciúme não ajuda em nada o homem ou a mulher se manter fiel, não muda em nada o comportamento e a personalidade da pessoa.

Somente um grande amor se sustenta a um relacionamento de ciúmes, que vem junto com sofrimento e muito tempo perdido, afastando toda a família de um relacionamento mais solido e com uma conivência de lembranças que não deixam saudades, somente feridas.

Prologo

Como ficar seis meses separados, viagem da esposa ao Canadá, sem cometer a infidelidade conjugal. Para min foi fácil, por motivos que vou relatar no decorrer da história.

Primeiro que foi uma difícil decisão por parte da minha esposa, Isabel, acompanhar o nascimento do neto Philip August, filho de minha filha Camila, que mora no Canadá, e ela teria que ir só, deixando aquele que não suportaria ficar distante, principalmente pelo amor e o ciúme que sentia.

Sei quanto foi difícil para ela, mas, tomou a decisão certa, porque eu sabia que ficaria bem, com meus dois outros filhos Camilo e Jairinho. E para tranquilizar mais, coincidiu do meu filho estar trabalhando comigo, isso afastaria os pensamentos dela, com relação as pessoas que estavam trabalhando na empresa, colegas, que em outros trabalhos foram sempre seus principais motivos dos ciúmes.

Capitulo I:

Minha infância

Poucas lembranças de uma infância que não tínhamos muitos desejos, o melhor dessa infância era estar em casa, ao lado dos meus avós, pessoas muito queridas, eu era apaixonado por eles, mas nunca fui de demostra meus sentimentos, já tinha essa dificuldade desde a infância e adolescência.

Muitas lembranças dos meus irmãos, dez, de muitas situações que não tínhamos nenhuma responsabilidade com o futuro, somente brincar, sem noção das dificuldades que passaram meus pais, para educar todos nós. Principalmente minha mãe que ficava com essa responsabilidade de educar, e administra as funções da casa, encontro meu pai trabalhava e para ele era o que importava, o sustento da casa em termo financeiro.

Tenho certeza que tenho muita coisa de minha mãe, principalmente em relação ao comportamento de se relacionar com outras pessoas, mulher fiel ao seu esposo. Já meu pai é o inverso, pessoa que nunca foi fiel, histórias de infidelidade contada, por incrível que pareça pela própria minha mãe, e esse fato mim ajudou muito, porque nunca concordei com as atitudes dele como esposo, porque como Pai não tenho nada a se queixa, nunca faltou nada para nós, dentro do possível. Nunca presenciei uma briga entre eles, e não suportava, quando acontecia comigo e minha esposa, discutir na frente dos filhos, ou mesmo no quarto, que com certeza eles escutavam, sofria muito com isso, principalmente em saber que quase todas as discursões eram por ciúmes.

Capitulo II:

Adolescência

Minha adolescência sem nenhuma aventura, somente estudar e se apaixonar em cada ano, por uma colega de sala, mas, sem se declara a nenhuma delas, continuava com minha timidez de sempre. Com uma mente mais desenvolvida já acompanhava e entedia as dificuldades dos meus pais, que tiveram um grande apoio dos meus avós. Sem vaidade e com uma consciência em que deveria estudar para conseguir algo na vida, estudo que meus pais faziam questão de nos apoiar e dando todas as condições para que todos os filhos tivessem um futuro melhor.

Sem viagens, somente passeios que meu pai programava, praia e sitio do vizinho, muitas lembras, que min dava prazer sempre, e também jogar futebol, que sempre fui apaixonado, não só em jogar como também acompanha o meu time de coração o Flamengo, principalmente o meu ídolo Zico.

Por muito que pareça mentira, não gostava de estudar, e sim tinha a certeza de que só tinha um futuro caso dedica-se aos estudos, e o esforço demostrava uma pessoa que gostava de estudar, era um jovem que já não tinha vontade de coisa que faria ter prazer, porque sabia que iria contraria meus pais.

Único sonho, ser jogador de futebol, não fiz esforço nenhum para que isso se tornasse realidade, daria um bom profissional, sempre elogiados por colegas. Como a vida também é feita de oportunidades, e não tive essa oportunidade, não é frustação porque não passei por nenhuma situação de oportunidade.

O leitor pode estar se perguntando e meus relacionamentos amorosos da adolescência, não teve, meus amores ficavam ocultos, sem se declarar a nenhuma delas, mas foram poucos.

E esse comportamento min ajudou e muito em ser uma pessoa fiel, em meu primeiro relacionamento e único permanecer com ela até os dias de hoje, sem nenhum interesse por outra pessoa, ou mesmo desejo por muitas pessoas que passam em minha vida.

Capitulo III:

Faculdade e vida profissional

Realizei um sonho de meu pai, um filho engenheiro, passei no vestibular na UFS, muitos sonhos e vendo a felicidade de meus pais, principalmente de meu pai, sabia o que representava para ele, o filho se formar em engenheiro civil, para ele dizer aos colegas e se encher de orgulho.

Tomei uma decisão errada, quando passei no concurso da RFFSA, na área administrativa, e se dedicar a esse emprego e não aos estudos. Não foi pelo dinheiro e sim por pensar que poderia se formar e trabalhar na ferrovia, e completaria o sonho de meu pai.

Levei treze anos para min formar, muitas dificuldades e não encontrei pessoas na minha vida profissional que facilitasse os meus estudos, tendo que estudar somente nos dias que podia. Com muita perseverança e sabendo que não poderia min cobra no futuro por ter desistido, e tinha essa consciência que iria min ajudar no futuro. Falarei nos próximos capítulos, como conciliar trabalho e estudo na minha vida conjugal, parte dessa história de fidelidade passa por esses períodos da minha vida.

Capitulo IV:

O encontro e o namoro

Meu destino foi traçado por uma escolha de meu Pai, que quando passei no concurso da Rede Ferroviária, e ele era o Supervisor das Estações Ferroviária em Sergipe, fez a opção para eu trabalhar em Boquim.

Não conhecia ninguém na cidade, solteiro e sem nenhuma pretensão de procurar na cidade alguém que min interessasse, dedicado somente ao trabalho, conhece colegas que tinha vícios tanto com a bebida como com mulheres que ganhavam a vida com o sexo, e logo eles viram que não tinha tais costumes, o que facilitou não ter convites depois dos primeiros não.

 Era costume a população ir para a estação ferroviária, principalmente os adolescentes para se encontrarem para conversas, ou até mesmo para namorarem. Foi quando pela primeira vez que há vi, aquela adolescente bonita com seus cabelos cacheados e de um sorriso lindo, não tive a percepção que seria a pessoa que viveria comigo para sempre.

Foi ela quem tomou a iniciativa de se aproximar, mim oferecendo laranjas, principal fruta da região, e começamos a perceber que existia uma paixão forte que nos unia.

Paixão essa que fez ela se aproximar de uma forma que criei coragem para pedir em namoro. Foi um início difícil, pois eu morava em Aracaju, e tinha que ficar somente três dias na semana com ela.

Era difícil quando tinha que deixar ela em Boquim e retornar para Aracaju, "Eu era feliz e sabia" como dizia Clarice Lispector, vivemos muito momentos de grandes cumplicidades e de paixão, foi surgindo um amor que tinha certeza que seria para sempre.

Confesso a vocês leitores, que não percebi que ela era muito ciumenta, pelo contrário, eu tinha um pouco de ciúmes ao deixar ela em Boquim, mas mesmo que percebesse esses ciúmes dela, não iria alterar em nada, já vivíamos um para o outro, um relacionamento muito forte com muitos pensamentos de constituir uma família, principalmente coma chegada de um filho, e logo veio o casamento.

Capitulo V:

Vida social e casamento

Se o leitor se atentou aos capítulos anteriores, percebeu que a fidelidade tem a ver com um comportamento social muito difícil, dedicações, renuncias e principalmente de dedicação a família.

Os convites dos colegas da faculdade e principalmente do trabalho, chamando para sair, e não aceitava porque tinha certeza que minha esposa não ia gostar, e não trocaria conviver bem com a esposa, por um prazer com os colegas, diga de passagem, não tinha nenhuma experiência das armadinhas da vida.

E custou muito essa falta de relacionamento com outras pessoas na minha vida profissional, tenho consciência disso, mas, era o preço de uma vida dedicada a família, e com isso vão saber e talvez aprender como um comportamento social influencia a pessoa ser fiel, não só na vida conjugal, como também na sua pessoalidade, de um homem honesto e de se preocupar com os outros.

Tinha a personalidade de não aceitar convites, somente para o futebol, que ainda participava, que também fui deixando aos poucos, não queria ver ela ficar contrariada quando chegava do futebol, mesmo sem ter ido a lugar nenhum depois, como faziam os colegas, principalmente indo aos bares, mais não acreditava.

Fui min acostumando somente a vida social em família, que sempre nos eventos estava com ela, que também min dava muito prazer, porque sempre fui uma pessoa que gostava de estar com a família e principalmente ao lado dela.

Trabalhar no interior, foi momentos de muitos ciúmes, ela não tinha como saber do meu comportamento com as pessoas que estavam ao meu redor, mas, como sempre falei a ela, posso até esconder de você, mais de Deus nunca, e sempre foi o que min fortalecia nas dúvidas de minha fidelidade por parte de minha esposa, a certeza que Deus era testemunha do meu comportamento de ser um homem que sempre sobre respeitar as colegas e nunca se aproximar por interesse, e provocar um sentimento que poderia surgir entre um homem e uma mulher.

E entre vários comportamentos, vou citar alguns, que ajudará aos leitores interessados em ser fiel, é não saber da outra pessoa que estar a sua volta, da vida pessoal. Se a pessoa fala da vida dela, escute somente, porque na maioria das vezes é o homem que toma a iniciativa de saber da vida da pessoa que está a seu lado, nunca faça isso para não se envolver sentimentalmente.

Por mais que pareça falta de educação, nunca elogie uma mulher, mesmo que ache atributos necessário para isso, seja discreto, tenho comigo um ditado que devemos sempre estar em nossa mente, é que nunca duvide da fraqueza da carne, e disser que dessa água

nunca beberei, é melhor se afastar das tentações que se apresentam em nossas vidas.

Outro comportamento que vai ajudar a viver em uma sociedade, é nunca mentir, sempre falar a verdade, tanto na vida profissional como principalmente na vida conjugal, mesmo que leve a situações embaraçosas, mais vale apena, por sua consciência e convicção.

Não mudar de destino sem dar satisfação, a pessoa que estar a seu lado, e ao mudar de destino por necessidade ligar para avisar. Alguém pode estar se perguntando, é submissão, digo que não, é ter sempre argumento para dizer que estava no local que ela já sabia, por muito que irite a pergunta que é feita, onde estava? Por esses comportamentos, nunca criei situações que min levasse a minha fidelidade a prova, e mesmo assim, ela nunca acreditou, sempre desconfiada, e com muito ciúmes, fui acostumando e sofrendo todas essas desconfianças.

Capitulo VI:

Ciúmes

Sentimento que posso descrever com bastante propriedade, foram muitas situações que vivi em todos os anos de relacionamento conjugal. Não posso dizer que é ou que faz parte de um relacionamento, quando se tem um cuidado um pelo outro, é diferente desse sentimento doentio, e que muitas das vezes, machuca um a outro.

Em todo meu relacionamento, nunca dei motivo para esse sentimento, mais sempre nos acompanhou por parte dela.

Os primeiros sinais de ciúmes, ainda éramos noivos, até entendia ela, ainda não min conhecia o suficiente para saber que não tinha ninguém na minha vida que podia provocar esse sentimento, pelo contrário, começou a conhecer todos à minha volta e tendo conhecimento de um homem que sabia se comportar em sociedade.

O tempo passando e não desaparecia esse sentimento, pelo contrário, cada vez mais estava presente. Entender eu nunca entendi, mas, aceitava e fui tentando acostumar com todo esse cuidado que ela tinha de não min perder é assim que posso compreender seu sentimento.

Talvez com o nascimento dos filhos poderia mudar, não mudou, e percebi que ficou mais forte, com certeza era a insegurança de uma pessoa que via em min, toda a possibilidade de um futuro inseguro e agora com filhos. Eu sempre percebi isso, e tinha essa consciência, de não dá motivo, e sim de aceitar a preocupação dela, mas, nunca foi fácil.

Toda vez que sabia que tinha alguma mulher em meu relacionamento profissional, já sabia que seriam dias difíceis, principalmente, que nunca escondi dela todas as pessoas que eu tinha ao meu redor. Poderia enumerar cada uma delas, mas não farei, por não considerar que nenhuma dela mereça ser citado nesse livro, porque nunca dei motivo para sentir ciúmes e nem ficar preocupada, e somente eu e Deus sabiam disso.

Quando eu falo que somente eu e Deus, e sempre tinha essa frase comigo, que podemos esconder dos homens, mas, nunca de Deus. Essa fé foi que varias vezes min sustentou para eu permanecesse fiel.

O leitor pode perceber que levar uma vida na fidelidade conjugal, pode parecer para as pessoas que somente você estar presente, e não, sua mente, sua fé e principalmente seu comportamento são importantes para conseguir a fidelidade.

Todos que conviveram comigo, confiavam em meu comportamento, uma pessoa integra, não só com relação a honestidade, que daria um outro livro com

esse tema, mas com relação a minha fidelidade a minha esposa.

A compreensão desse sentimento, mesmo não demostrando, se torna a principal arma para vencer todos os problemas que os ciúmes tragam em seu relacionamento. Tente sempre controlar, muitas vezes difíceis, mas necessárias, o fato de não ter culpa, ter a certeza que não fez nada de errado, se perder o controle, vai parecer que realmente cometeu a infidelidade, sua consciência é que tem que prevalecer, não tendo culpa, não tem que ficar se lamentando por ela estar com raiva, vai passar, e geralmente era eu que cedia, se não ficávamos muitos dias sem se falar, confesso que não conseguia muitos dias não, fui sempre grudado a ela.

Como ajudar alguém que queira ser fiel, tarefa difícil, eu sei, mas tenha certeza, tenha na sua vida social voltada para o profissional e sempre se preocupe com a Família, vai valer a pena, nunca se permita conhecer a vida dos outros, principalmente para não comparar com a sua e nem com a de sua o seu parceiro.

Que interesse tem de se saber a respeito de outra pessoa, principalmente se essa pessoa faz parte de sua convivência diária. Se é casada, separada, se tem filhos, são tantas perguntas que não deveriam ser perguntadas, somente ouvir aquilo que li conta, e nunca comentar e jamais elogiar, ficar neutro, parece ser um comportamento ante social, mais não, é não ser inconveniente ou mesmo, começar a sentir sentimentos que poderá aflorar, nunca é bom lembrar, que o ditado que "a carne é fraca", é de fato que devemos nos afastar de sentir qualquer sentimento, por pequeno que seja.

Como ter certeza que com esse comportamento, um relacionamento vai dar certo, não sei, mais se você é feliz com seu parceiro ou parceira, vale apena, nuca queira que seu comportamento, se fosse o dela ou o dele você não gostaria. Por isso não é difícil, e sim compreensivo.

Suportar todo o ciúme, sempre é dolorido em uma relação, somente com muito amor e querer sempre dar oportunidade ao outro.

Quando a raiva afasta por alguns dias os dois, mesmo dormindo no mesmo quarto, o reatar tem um prazer

diferente, é quando você ver que vale apena continuar, e diga de passagem nunca em todas nossas brigas, foram poucas, dormimos separados. O mais difícil era dormir sem ela estar encostada em min, já tinha esse costume e era como se fosse um vício, por isso demorava de dormir.

Imagino que quando aparece alguma pessoa na vida do outro, seja mais difícil ser uma pessoa fiel, principalmente se não se preocupar que seu relacionamento é muito mais importante que uma aventura, não poderia falar com detalhe, porque nunca passei por essa situação.

Como era importante para min ver que meu comportamento serviria como exemple para meus

filhos, e se orgulhar de um pai que cuidava da família, não somente do lado econômico, mas, principalmente de respeito. Quando se tem uma família, e um sai à procura de um relacionamento fora do lar, é uma falta de respeito com todos que acreditavam que você representa um porto seguro.

Quando falo em família, é porque sempre fui uma pessoa que vejo como uma instituição mais importante para nossa vida. Nunca passou por minha cabeça que uma pessoa pudesse não constituir uma família, dando prosseguimento de sua geração, é essa geração tivesse como exemplo de filho, de pai de esposo, e que passe de geração a geração esse meu comportamento.

Procura ajuda psicológica para tratar esse sentimento, que seria uma atitude daquele que tem ciúmes e não de quem sofre, mas em conjunto, traria uma procura para tentar levar o relacionamento sem conflitos e sofrimento. Sei que é muito difícil a procura de um profissional para tratar da saúde mental de qualquer pessoa e por qualquer seja o motivo.

Não se deve desistir de melhorar mesmo sem ajuda, que sei que é difícil, com muita disciplina e cuidado com o outro você consegue. Quantas histórias que temos conhecimento de sofrimento motivado por um ciúme, justamente em uma relação que envolve amor, paixão e família.

Não se acostumar com situações e achar que é normal, e quem estar de fora, percebe que essa relação não estar indo bem, por conveniência vão deixando virar rotina, é quando no relacionamento cada vez mais esse sentimento se torna perigoso.

Se minha história poder ajudar ao leitor, acredito que sim, e principalmente se os dois lesse juntos a minha história, não sou psicólogo e sim um engenheiro com uma vivência com esse sentimento e consegui levar o relacionamento quase perfeito.

Não posso achar que o ciúme é falta de confiança no conjugue, e sim uma falta de segurança por parte dele ou dela. Nunca deveria existir entre duas pessoas que se confiam e que se amam, somente os que estudaram esse sentimento pode explicar de onde vem e porque estar presente, principalmente entre nós, latinos, não tenho conhecimento que esse sentimento esteja presente tão forte em outros povos.

Vou min restringir a só falar de minha experiência, e como tive um comportamento para min relacionar com esse sentimento, não foi fácil e nunca vai ser, não importa a idade que esteja, ela nunca vai deixar de ter ciúmes, mesmo velhinho, vai sempre dizer, só que ficar aqui porque as enfermeiras são bonitas, e dirá, velho sibite, e como sempre vou ficar rindo e achando normal, é porque ela ainda min ama.

Capitulo VII:

Personalidade

Um convite feito por colegas para ir para qualquer lugar que seja, deve ser rejeitado se tiver bastante personalidade em dizer não, e ficar sem receio nenhum com que os outros vão dizer, o que importa é saber se esse lugar faz parte de seu ambiente normal, ou é alguém querendo li influenciar para ter um comportamento diferente de seus costumes.

Podem estar se perguntando se não é um exagero de minha parte, definitivamente que não, é o preço de ser uma pessoa fiel, por isso que sempre digo, que é difícil ser uma pessoa fiel. Sair não significa que você é influenciado, mas, dependendo de seu conhecimento do comportamento de seus colegas, você sabe que não deve aceitar tal convite.

Colegas que acham que porque você deve uma satisfação ao seu cônjuge, não tem personalidade própria, e não é verdade, é somente não concordar com o comportamento deles. Eu não acredito que em um relacionamento solido, aceite que tenha tempo para seus relacionamentos com colegas em lugares que não possa ser frequentado por ambos.

Como sua personalidade pode influenciar na sua fidelidade, tenha na sua vida um comportamento que não seja influenciado por outras pessoas, seja de seu relacionamento profissional ou até mesmo familiar. A personalidade se adquire com o tempo, e se deve estar aprimorando esse comportamento, que é muito importante na vida de uma pessoa, e servirá também para o lado profissional.

Quando você já tem uma vida de solteiro bastante movimentada, com vários relacionamentos, deve ficar muito mais difícil ser uma pessoa fiel. Nunca fui um jovem de grandes aventuras, sem nunca ter tido um relacionamento amoroso. Ao conhecer a minha esposa e tinha nela a única referência de mulher.

Logo min apaixonei, tivemos um relacionamento muito intenso, e nunca tive desejo de conhecer outras pessoas, ela sempre min satisfez aos meus desejos, principalmente por nunca ter tido outra mulher, foi minha primeira namorada.

Capitulo VIII:

Casamento e Família

Constituir uma família, primeiro pensamento ao decidir morar juntos, consolidar uma relação que já não tem como viver separados, como ter uma solidez econômica para tomar essa decisão. Ter a certeza que é a pessoa que vai cuidar, se preocupar e respeitar esse relacionamento, e principalmente perder um porco de sua privacidade, são esses motivos que leva duas pessoas a formalizar o casamento.

Fica mais fácil, como foi no meu caso, tomar essa decisão, porque sempre fui caseiro, não tive uma vida agitada, e sempre tive esse pensamento, de constituir uma família.

A opção de não aguardar minha formatura, que seria o mais sensato, antecipamos a vinda de um filho sem um planejamento, pela segurança de uma jovem insegura, não poderia tomar outra atitude que não fosse aquela.

Tinha certeza que ela min amava, não pelo ciúme, mas pela preocupação, dedicação ao nosso relacionamento e principalmente uma paixão que sempre foi muito ardente entre nós.

Foram os meus melhores momentos da minha vida, constituir uma família, que se consolidou com a vinda de outros dois filhos, benção nas nossas vidas.

Nem o grande ciúme que sempre esteve presente em nosso relacionamento, foram suficientes para deixar

magoas ou mesmo feridas, somente sofrimento pontuais, em cada momento de ciúmes.

Poderia escrever um livro faladando somente de um casamento, diria, quase perfeito, ou mesmo de uma família que foram felizes em todos os momentos, e com cada membro tendo características e personalidades diferente, min orgulho muito de constituir esse relacionamento e família com grande

amor e sempre pedindo ao meu bom Deus que abençoe nossa família todos os dias de nossas vidas.

Não poderia falar de fidelidade, falando somente do casamento, sempre min preocupei em ser uma pessoa fiel, tanto em respeito a minha esposa como também a minha família, mas também dizer que sempre fui fiel desde o primeiro dia que nos conhecemos até os dias de hoje.

Uma traição conjugal, não somente deixa de ser fiel ao seu conjugue como também a todos que estão presente na sua família. Fidelidade de esposo, fidelidade de pai, sempre min importei com o fato que jamais poderia trair uma confiança, e com muito

pensamento em Deus consegui, porque somente ele é testemunha dessa fidelidade.

Estudar, trabalhar e cuidar da família, foram por muito tempo meus desejos, somente após formatura é que tive um tempo maior para dedicação a família.

E tenho certeza que a educação que minha esposa deu aos nossos filhos, foi para ela um desprendimento, dedicar-se ao outro, abrindo mão de parte de suas próprias necessidades, mais um motivo que sempre min preocupei por entender que não seria justo trair essa dedicação.

Posso dizer que formamos uma família quase perfeita, e com a bençoa de Deus e com seus ensinamentos,

ela tinha uma base religiosa, foi criada no evangelho, e nos ensinou muito. Nunca fizemos preferência por nenhum dos três, e via nela uma leoa ao proteger seus filhos, já eu tinha uma certa preocupação de não dá tanta proteção a eles para não estragar a vida deles, era assim que pensava. Sempre senti essa falta de fazer carinhos nos filhos, talvez não tive esse ensinamento do meu pai, parece as vezes aquela pessoa dura, mas por dentro, tinha muito desejo de colocar todos eles no colo, como era de costume fazer quando eles ainda eram crianças.

Não vou falar dos momentos felizes que tivemos, e foram muitos, e principalmente sem luxo, mas com uma grandeza de felicidade e de grande relacionamento entre país e filhos, que eu guardo até hoje.

A educação não foi somente a da escolaridade, e sim de pessoas educadas e respeitosas aos seus e com outras pessoas, min orgulho muito dessa família que constituímos juntos.

E como esse livro é para levar aprendizado também ao leitor, nunca discuta com seu conjugue perto de seus filhos, eles sofrem de mais, e se procuravam de mais, foram pouquíssimas vezes aconteceu, e sempre era o ciúme o motivo, e se ela pudesse adivinha que nunca precisaria ter esse ciúme doentio, e que poderia trazer sequelas para todos nós. Mesmo que as discursões se desse dentro de um quarto, tinha certeza que eles escutavam, eu ficava muito triste com aquela situação, eles notavam que ficávamos sem se falar por alguns dias, e via na alegria deles quando percebiam que a gente já estávamos se falando.

Doía muito, por saber que era injusto aquele comportamento, não tinha nem de longe tido nenhum relacionamento, que não tivesse sido a trabalho, para justificar aquelas discussões.

Neste capitulo foi reservado para falar da família, e sei que dentro do contesto foi importante falar do ciúme, porque influencia diretamente na família.

Venho de uma família que mereceria uma história, por se tratar de uma família tradicional, mais com tanta diversidade, e não seria justo citar alguns dos momentos, mas, quero aqui registra e prestar uma homenagem a minha mãe, e através dela representar a todos.

Nos ensinou a como criar uma família, da forma dela, que nos dias de hoje não ia ser compreendida, agradeço por tudo e tenho certeza que todos dessa família tem certeza que se trata de uma pessoa extraordinária, uma vida toda dedicada aos filhos, e consegui educar todos os onze, cada um com suas próprias características.

Foi dos ensinamentos de minha mãe, que surgiu essa pessoa muito família, criado dentro de um lar, e gostava muito de estar sempre em casa, por isso é mais fácil, acho eu ser uma pessoa fiel em um relacionamento conjugal.

Quando conhecer uma pessoa, conheça seu comportamento familiar, e verá que o relacionamento em família diz muito de uma pessoa, suas características e principalmente seu comportamento em sociedade.

O relacionamento não passa por uma aprovação da família, mas para constituir uma, pode ter certeza que sim.

Quando a pessoa constitui uma família ele estar saindo de outra, deixando aos poucos a de origem e criando a sua própria, é assim que a vida nos proporciona, faz parte da evolução humana, mais aquela de origem foi quem passou os ensinamentos para a vida, se tinha um bom relacionamento com a família, terá com certeza uma pessoa que farar de tudo para manter suas convicções que uma família jamais poderá ser traída.

Capitulo IX:

A Viagem

O que ajudou ela foi com certeza saber que um dos meus filhos trabalha na mesma empresa, não sei se conseguiria viajar se não fosse esse fato, ou mesmo não suportar tanto tempo sem saber do meu comportamento ao lado de outras mulheres no trabalho.

Para min, não faria nenhuma diferença, porque já trabalhei em outras ocasiões e sempre tive um comportamento de respeito com todas as colegas de trabalho. Sem nenhuma preocupação em minha fidelidade, e mostrando que não importa a distância que se encontra a pessoa que você realmente ama, para cometer a infidelidade.

Ficar sozinho no quarto sem a companheira de 35 anos, que vazio, olhando pela janela com pensamento muito longe, com uma estratégica de não ficar triste, com muita saudade, para que eu não viesse a sofre e nem passar para ela essa impressão de sofrimento.

Os pensamentos sempre era como vai ser a sua chegada, ficar juntinhos e com certeza chora e dizer agora sim eu posso chora.

Os desejos são muitos, falando e vendo ela todos os dias, diminuindo esses desejos, sabendo que não pode comparar com a presença física, era o que eu mais sentia falta, o cheiro, o tocar em seu corpo, tocar em seus cabelos.

Passou um mês, e estou em pé, como prometi a ela e a filha, que ficaria bem, agora confortado pela presença do Neto Philip, que abro um parêntese para falar dele, uma criança linda, que não vejo a hora de conhece-lo e passar alguns dias juntos e mostra o meu amor que já sinto dele.

Durante esses dias, acompanhei o seu dia a dia, o que fez para o almoço, para janta e passava para ela e meu dia a dia também.

Alguém pode estar se perguntando, e o ciúme dela? Com certeza não tinha, ou muito pouco, ela sabia que nosso filho estava comigo no trabalho, e isso trazia toda sua segurança. Não iria influenciar em nada o meu comportamento se não tivesse com ele, mas para ela troce uma segurança.

Dois meses se passaram, a saudade aumentando, mas, sem demostrar para ela, para que não se desanime ou mesmo deixa-la mais triste.

A noite chega e eu no meu quarto esperando ela min ligar, olhar e não poder toca-la, falar com ela e não demostrar toda minha saudade, para não desanima-la e deixar ela mais triste.

Saudade de seu cheiro, de tocar em seu corpo, se contentar com seu sorriso, perguntar como foi seu dia. Aprender que o amor é um sentimento que devemos valorizar para sempre, o amor verdadeiro não tem distância.

Mais um mês passou, e ser forte e dizer a ela que tudo vai dar certo e logo estaremos juntos. Imaginar esse reencontro, só min fortalece, e o tempo se tornar curto, imaginar ela em meus braços, no nosso quarto. A solidão não existe em min, e sim a certeza dos momentos de espera e fazer com que meus pensamentos sejam realizados em nosso reencontro. Aguardando ela ligar, e porque eu não ligo? Sei que está ocupada e eu sempre estou a sua disposição aguardando. O pensamento constante, e nos finais de semanas são os piores dias, porque o trabalho faz com que eu desligue esses pensamentos, como sempre fiz em toda minha vida profissional, era cobrado por ser assim e hoje estar min ajudando.

Os propósitos de Deus nunca sabemos, quando se apresentam nas nossas vidas é que temos a certeza que Deus preparou tudo.

O quanto min faz falta a leitura, não tinha esse costume, tentei, mas não consegui, não sei se por falta de uma boa literatura em casa, vou começar a ler vai servir para a mente como também para ajudar no meu livro.

Que felicidade ver meu neto pelo celular, uma criança linda e cheia de saúde, é muito difícil conciliar a

alegria de ver o neto e ver a mulher da minha vida tão distante.

Fico min perguntando, se não tivesse essa vida de ser um homem que não tem costumes fora de casa? como beber, jogar bola ou mesmo sair com os amigos, caso eu tivesse, será se conseguiria ser fiel? Será se não encontraria aguem que se aproxima e com toda minha carência deixa-se ser dominado por um desejo? Por isso repito sempre, como é importante a pessoa ter seus costumes compartilhado com o cônjuge, para não cair em armadinhas da sociedade, afasta-se de situações perigosas é importante para se manter fiel.

Que grande oportunidade que ela tem de acreditar que nunca a trai, sei como é difícil acreditar, por ter um ciúme muito forte sempre presente em nossa vida, escrever não só para ela e também para as pessoas que não acreditam que existam homens fieis em trinta e cinco anos de relacionamento. Sempre fui e sempre serei, e agora com certeza provar o quanto é grande o meu amor.

Nunca desista de tentar ser uma pessoa fiel, é gratificante ter uma família sólida, a fidelidade é uma base de sustentação da família, e não trocaria por nada manter a família do jeito que começamos, e cada vez mais aumentando os membros e sabendo que foi constituída um exemplo de casal, que se amaram até a eternidade.

Chegou setembro, mês do meu aniversário, e só em saber que ela não vai estar comigo pela primeira vez, nesses anos que estamos juntos. Se tivesse aqui, com certeza faria uma farta mesa de guloseimas, como sempre fez em todos os nossos aniversários e dos filhos também.

Terei que ser forte e não demostrar essa falta dela, e outro fato foi minha reação a vacina, e ela não estava aqui para cuidar de min. Vacina essa do Covid-19, que se tornou uma pandemia em todo mudo, mas em nosso Pais, por culpa de um governo irresponsável, governo esse que nunca suportei, por se tratar de um Presidente Louco, não falarei nesse assunto, para não estragar uma história de minha vida e um ensinamento como um homem deve se comportar em uma sociedade e ser fiel a sua relação.

Fico min perguntando qual o comportamento dela em saber de minha fidelidade declarada nesse livro, o leitor não vai saber, mas com certeza ela vai continuar não acreditando em minha fidelidade.

O ciúme não sai tão fácil da personalidade de uma pessoa, e mesmo sabendo de toda veracidade de minha história, voltara a desconfiar em outra e qualquer oportunidade que não esteja acompanhado, espero que esteja enganado, que passe ser uma pessoa que confie naquele que sempre foi fiel, e sempre confiou em seu comportamento.

Se meu comportamento fosse copiado por algum leitor, já seria uma vitória em saber que meu exemplo fez uma pessoa a ser fiel ao seu relacionamento, e como se comportar se o outro for ciumento e deseje prosseguir com o relacionamento, talvez os dois lendo esse livro ajudem a curar esse ciúme doentio.

Que felicidade foi saber que retornaria mais cedo, um mês amenos antes do previsto, parece pouco, mas não é, cada dia que passa longe um do outro, significa muita mais saudade, espera e principalmente um sofrimento de duas pessoas que se amam.

Não contarei como foi o retorno com dela, porque estarei publicando essa obra antes de sua chegada, mas deverá ser muito emocionante, não somente por estar acompanhada de meu neto, que estarei conhecendo, mas por ela, meu grande amor da minha vida, e finalizarei essa história com poemas, de um sentimento que as palavras possam escrever o sentimento de uma pessoa apaixonada, uma pessoa que não ver o ciúme como forma de proteção e que o tempo é tão importante para as pessoas não perder as vezes, jogando fora o tempo que poderiam estar juntos e não afastados por um sentimento que só destrói um relacionamento.

Capitulo X:

Poemas

Sentir saudades nos tempos de hoje,

não se compara aos tempos passados

A tecnologia aproxima e diminui as saudades,

 Voltamos ao passado e temos certeza

que temos saudades do presente.

Passar o tempo longe de quem ama, somente um grande amor resiste a solidão

Aguardar a volta desse amor com a certeza que foi fortalecido pela distância que ficou entre nós.

Nunca pensei estar distante de quem eu amo,

distante nunca tive, sempre ao seu lado

Tentar não sofre pela saudade

 esperar o dia do reencontro e estar em seus braços

Sentimento de perda não existe

o afastamento foi necessário

 um gesto de amor

Perdemos alguns momentos juntos

 certeza que será recompensado

E fortalecido por uma paixão que só um grande amor

pode sentir.

Aproveitar todo instante do presente,

pois a vida exige escuta e atenção

Não deixe a poeira do tempo encostar na sua vida,

enquanto a vida passa eu também passo.

O tempo passa e Ela não chega

Passar o tempo esperando ela chegar

Ao chegar vamos ter tempo e o tempo vai passar

Aproveitar as coisas boas que um grande amor nos
proporciona

Depois que o tempo passa não conseguimos
aproveitar

Desperdiçar o tempo que temos juntos

É viver um grande amor distante e esperar o amor
chegar

O tempo sempre a nosso favor e não aproveitar

É deixar que o tempo traga saudades

Saudades nunca sentidas por tanto tempo

Saudades do amor que sempre tive perto e agora
distante

Esperar que Ela volte e deixar saudades de
reencontrar

Reencontro aquele que sabia que ia voltar

Era só esperar o grande amor chegar

Esperar com muito desejo de encontrar

Sentir o seu perfume, tocar seu corpo

E deixar o tempo passar e somente amar.

Distância que pode estar perto para falar e ouvir

Saudades finitas de um grande amor

Nada vai compensar no tempo a esperar

O amor não vai aumentar só se aumenta aquilo que

estar faltando e o amor nunca faltou para nós

Falar de amor é fácil e simples

Sentimento que temos quando estar junto

De alguém que faça você feliz

Felicidade completa e amor perfeito

Nós dois juntos e cumprisse um do outro para sempre

O amor e o ciúmes não podem andar juntos

Ciúmes faz as pessoas sofrerem

Sofrimento que permanece para sempre

Amor que acaba e o ciúmes vai junto

Ciúmes não faz parte da vida feliz

Felicidade estar em amar

Esperar que o outro perceba que estar sofrendo

É não enxergar que o ciúme não cuida desse amor

Ciúmes não é amor

Ciúmes não é paixão

Ciúmes só atrapalha

O que vem do coração

Saudades de um amor

Amor que vai chegar

Paixão vai estar presente

No reencontro muito feliz vou ficar

Não sofri ao esperar meu grande amor chegar

Somente saudades que eu sabia que ia passar

O amor permaneceu fiel

E a paixão mais forte e nunca vai se apagar.

Da janela do meu quarto eu vejo o tempo passar

Da janela do meu quarto da vontade de chorar

Da janela do meu quarto fico aguardando o meu amor

chegar.

Que saudade de você, volte logo para meus braços

Meu coração está chorando, sinto sua falta

A noite está triste, vou para janela e vejo o tempo passar.

Saudade sei que vai passar quando em meus braços você estará.

Capitulo XI

FIM

É um pouco dessa história que eu gostaria de compartilhar com vocês, leitores, essa história de como devemos se comportar na sociedade para se tornarmos fieis, e como essa literatura, em especial, pode nos ajudar a construir uma família com princípios e não deixar o ciúme atrapalhar um amor.

Ao ler esse livro e achar que deve ser compartilhado com o cônjuge que no caso é o ciumento, será difícil fazer ele ler essa história, que não tem nada de ficção, é como convencer uma pessoa com algum tipo de vicio a se tratar, precisa de um certo jeito e aos poucos, lendo juntos talvez, poderá ajuda-los a livra

desse sentimento que poderá destruir não só o relacionamento conjugal, como também familiar.

"Dizer sim ou dizer não para o que a vida nos oferece

e, em tempo, fazer a opção certa".